# 쓰레기는 어떻게 재활용될까?

**뒹굴며 읽는 책  과학, 재미있잖아!**

이 시리즈는 호기심 많은 아이들이 세상에 대해 던지는 질문을 담았습니다. 각 분야의 과학자들은 아이들의 질문을 함께 토론하고 해답을 풀어가면서 알차게 이야기를 나누었지요. 이 책은 이들이 함께 나눈 대화의 결과물입니다. 아이들이 궁금해 하고 꼭 알아야 할 과학의 기본 개념을 아이의 눈높이에서 진지하고 재미있게 풀었습니다. 호기심의 씨앗에서 싹튼 작은 질문이 세상을 이해하고 배우는 첫걸음이 됩니다.

뒹굴며 읽는 책 ― 과학, 재미있잖아!

# 쓰레기는 어떻게 재활용될까?

글 스테파니 기냐르  그림 파스칼 르메트르  옮김 이정주

다산기획

Les poubelles et le recyclage
by Stéphanie Guignard, illustré Pascal Lemaître

All rights reserved.
Copyright ⓒ Le Pommier, 2010
Korean Translation Copyright ⓒ 2014 by DASAN Publishers House, Seoul, Korea
This Korean edition was published by arrangement with Editions Le Pommier, France
through Milkwood Agency, Seoul, Korea

이 책의 한국어판 저작권은 밀크우드 에이전시를 통한 Editions Le Pommier와의 독점 계약에
의하여 다산기획에 있습니다. 신 저작권법에 의하여 한국 내에서 보호를 받는 저작물이므로
무단 전재와 무단 복제를 금합니다.

## 차례

왜 분리수거를 해야 할까? ●08
분리수거된 쓰레기는 어디로 갈까? ●14
재활용 쓰레기는 누가 어떻게 분리할까? ●20
일반 쓰레기는 어디로 갈까? ●32
환경을 오염시키는 쓰레기, 어떻게 줄일까? ●40

미주알고주알 재활용 이야기 ●48
퀴즈로 알아보는 쓰레기와 재활용 ●50
신나는 게임으로 알아보는 재활용의 세계 ●52
내 손으로 퇴비 만들기 ●54

용어사전 ●57
찾아보기 ●58

## 등장인물

**엄마**
자녀들이 어릴 적부터 분리수거를
잘하도록 가르친다.

**나, 톰**
비디오 게임광. 가장 좋아하는
게임의 주인공은 수많은 위험으로부터
지구를 지키는 마법 요정 부대의 대장,
아르튀르 파울러이다.

**폴**
톰의 형. 독서광.

**로라 파이터**
아르튀르 파울러의 단짝. 용감하고,
지구를 지키는 일에 늘 앞장선다.

**오스카 바루 박사**
컴퓨터 정보 관리 전문가.
슈퍼컴퓨터 시계를 통해 아르튀르와 로라에게
필요한 정보를 재깍재깍 알려 준다.

"얘들아, 엄마 좀 도와줘!" 엄마가 큰 소리로 불렀다.

나는 한창 게임에 푹 빠져 있던 중이었다. 형은 책을 읽느라 정신이 없었다. 우리는 동시에 한숨을 내쉬었다.

"또 뭐에요?" 우리는 입술을 비죽거리며 말했다.

"한 사람은 식빵 좀 사오고, 한 사람은 재활용 쓰레기를 버리고 와라. 오늘은 분리수거하는 날이잖아." 엄마가 말했다.

"분리수거, 꼭 해야 돼요? 귀찮은데 그냥 쓰레기봉

투에 다 버리면 안 돼요?" 나는 볼멘소리로 물었다.

## 왜 분리수거를 해야 할까?

"우리가 함부로 버리는 쓰레기는 말이야, 모두 지구에서 나는 것들로 공들여 만든 거야. 분리수거를 하면 쓰레기를 다시 쓸 수 있어. 그런데 쓰레기라고 버리는 물건들이 어떤 원료로 만든 건지 아니?" 엄마가 형과 나를 번갈아 바라보며 물었다.

우리는 선뜻 대답하지 못했다.

"종이나 유리로 만든 것도 있지만, 주로 석유를 많이 쓴단다. 석유는 연료도 되지만, 플라스틱을 만드는 데

> **화석 연료**
>
> 석유는 생물의 사체가 지층 깊은 곳에 묻혀 수억 년 동안 열과 압력을 받아 변한 것이다. 이 과정이 화석이 생길 때와 같기 때문에 석유를 '화석 연료'라고도 한다. 화석 연료에는 석유 외에도 천연 가스와 석탄 등이 있다. 이 중에서 석유가 가장 폭넓게 쓰이며, 차량이나 난방 연료, 페인트, 접착제, 잉크, 합성 섬유 같은 화학제품의 원료가 된다.

에도 쓰여. 너희는 플라스틱이 없는 세상을 상상할 수 있겠니?" 엄마가 말했다.

형과 나는 주위를 둘러봤다. 게임기, 장난감, 전화기, 컴퓨터, 주스 통…… 플라스틱이 쓰이지 않은 물건이 거의 없었다.

"사람들은 석유를 점점 더 많이 쓰고 있어. 예전과는 비교할 수 없을 정도로 많은 석유가 날마다 사라진단다. 이대로라면 언젠가 지구상에 있는 석유는 모두 바닥나고 말거야." 엄마가 걱정스러운 표정으로 말했다.

"그래서 태양이나 풍력 에너지처럼 새로운 에너지 자원을 개발하고 있대요. 학교에서 배웠어요." 내가 아는 체를 했다. 왠지 형보다 내가 더 많이 아는 것 같아 우쭐해졌다.

"우리 톰이 잘 아는구나! 언젠가 석유가 바닥날 때를 대비하려면 새로운 에너지 자원을 개발해야 해. 또 쓰레기를 재활용하는 것도 좋은 방법이야. 남아 있는 자원을 더 오래 쓸 수 있으니까. 재활용을 하면 물건을 만들거나 쓰레기를 처리하는 데 들어가는 자원도 아끼고, 공해도 줄일 수 있어." 엄마가 말했다.

"그러니까 귀찮아도 분리수거를 해야 된다 이 말씀이죠?" 엄마의 칭찬에 신이 나서 내가 맞장구를 쳤다.

"우리 막내가 참 똑똑하구나!" 엄마가 활짝 웃으며 말했다.

"톰, 네가 빵 사러 갔다 와. 쓰레기는 무거우니까 이 형이 버릴게!" 형도 지지 않겠다는 듯이 날 쳐다보면서 말했다.

"동생을 챙기는 것을 보니 폴은 역시 형이야!" 이번에는 엄마가 형을 칭찬했다.

형과 나는 엄마의 칭찬을 들으니 금세 기분이 좋아졌다.

"그럼 버리고 올게요. 톰 너도 어서 빵집에 갔다와!" 형이 쓰레기를 가지고 나가며 내게 소리쳤다.

"알았어. 이 판만 끝내고 갈게!" 나는 건성으로 대답했다.

형이 쓰레기를 버리러 나가자, 나는 다시 게임기를 집어 들었다. 온종일 게임만 할 수 있다면 얼마나 좋을까?

나는 게임기를 쉽사리 놓을 수 없었다. 방금 신나는 모험이 펼쳐졌기 때문이었다. 아르튀르 파울러 대장과

그의 단짝 로라 파이터 대장이 마법 요정 부대를 이끌고 출동하려고 했다. 요정들의 임무는 호시탐탐 노리는 온갖 적으로부터 지구를 지키는 것이다.

요정 본부에는 오스카 바루 박사님이 있었다. 오스카 박사님은 요정들의 작전에 필요한 정보를 알려 주는 분이다. 아르튀르가 어디에서든 궁금한 것을 손목에 찬 슈퍼컴퓨터 시계에 물으면, 그 답을 재깍재깍 보내 준다.

나는 아르튀르 대장이 진짜 좋았다. 대장이 펼치는 모험은 언제나 흥미진진했다. 어느새 빵 사러 가는 것도 잊고 말았다. 아르튀르와 요정 부대가 펼치는 모험 속으로 정신없이 빠져들었기 때문이었다. 갑자기 집안의 모든 소리가 희미해지면서 몸이 가벼워졌다. 주위 물건들이 어마어마하게 커지면서 식탁은 이미 내 키를 넘어섰다. 무슨 일이지?

나는 두리번두리번 주변을 돌아보았다. 순간, 모든 게 확실해졌다. 물건들이 커진 게 아니었다. 내가 아주 조그맣게 줄어들어 있었다. 왈칵 두려운 마음이 밀려들었다. 팔과 다리부터 살펴봤다. 또 한 번 놀라고 말

앉다. 어느새 나도 게임 속 요정으로 변해 있었다. 스파이더맨처럼 어디든 찰싹 달라붙어 올라가게 해주는 슈퍼장갑을 끼고, 레이저 총을 막는 특수 망토를 걸치고 있었다. 심지어 팔목에는 본부의 오스카 바루 박사님과 바로 연결되는 슈퍼컴퓨터 시계를 차고 있었다.

도저히 믿을 수 없는 일이었다. 그토록 좋아하던 게임 속 요정이 되어 있다니……. 그것도 보통 요정이 아니었다! 망토 안쪽에는 아르튀르라는 이름까지 새겨져 있었다. 아르튀르 파울러 대장이 된 것이 분명했다! 이제 특수 망토로 레이저 총을 막아내며, 슈퍼장갑을 끼고 아무리 높은 곳이라도 올라갈 수 있게 되었다.

순간, 땅이 흔들리는 느낌이 들었다. 그제야 깨달았다. 요정으로 변한 내가 서 있는 곳이 재활용 쓰레기 봉투 위라는 것을. 폴 형이 그것을 분리수거함에 버리러 가는 중이었다!

### 분리수거된 쓰레기는 어디로 갈까?

'우리 집처럼 분리수거를 잘하는 집도 드물어.'
나는 속으로 생각했다.
엄마가 귀에 못이 박히도록 하는 말이 떠올랐다.
"톰! 기름때가 낀 종이 상자는 재활용하기 힘드니까, 일반 쓰레기봉투에 버려라. 그리고 닭 뼈나 조개껍데기처럼 딱딱한 것들도 음식물 쓰레기통에 넣지 마라. 모두 재활용이 안 된단다."
난 이제 요정 아르튀르가 되었으니 어디든 올라가고 마음껏 날 수 있었다. 그래서 분리수거된 쓰레기가 어떻게 재활용되는지도 가까이에서 보고 싶었다. 왜 쓰

---

**분리수거**

재활용 쓰레기는 지역마다 분리수거하는 방법이 다르다. 보통 아파트에서는 정해진 날짜(특정한 요일)에 일정한 곳에 분리수거함을 설치한다. 그러면 각 가정마다 쓰레기를 분리해서 갖다버리고, 재활용 쓰레기차가 와서 수거해간다. 분리수거함은 플라스틱류, 비닐류, 캔류(알루미늄, 철), 종이, 종이팩, 유리, 스티로폼을 따로 버릴 수 있게 설치한다. 한편 주택가에서는 정해진 날짜에 재활용 쓰레기를 집 앞에 내놓으면 환경미화원들이 종류별로 분리해 가져간다.

레기를 구별해서 버려야 하는지 그 이유가 너무 궁금했다. 나는 요정의 슈퍼파워를 믿고, 빈 플라스틱 통 안으로 미끄럼틀 타듯이 쭉 내려갔다. 그때 폴 형의 목소리가 들렸다.

"우선, 종이, 스티로폼, 캔, 유리병을 각각 따로 버려야지. 그리고 마지막으로 플라스틱을 여기다 모두 부어야겠다."

그 와중에 나는 요리조리 쿵쿵 부딪쳤다. 방금 형이 내가 들어 있는 플라스틱 통을 분리수거함에 버렸기 때문이다! 빠져나올 틈도 없이 순식간에 어두컴컴한 분리수거함 속으로 휘말려 들어갔다. 적외선 안경을 재빨리 꺼내 쓰자 어두운 곳에서도 주변이 보였다.

눈앞에 펼쳐진 광경은 예상대로였다. 온갖 플라스틱이 뒤섞인 쓰레기 바다였다. 페트병, 샴푸 병, 요구르트 병, 깨진 쓰레기통, 쓰레받기, 바가지, 일회용 음식물 용기가 수두룩했다.

"음식물 용기가 왜 이렇게 많지?"

난 궁금한 것을 오스카 박사님에게 물어보기로 했다. 슈퍼컴퓨터 시계가 있으니까! 오스카 박사님이라면 본부의 컴퓨터에서 정확한 정보를 최대한 빨리 찾아 내 알려 줄 테니까!

 나는 슈퍼컴퓨터 시계를 톡톡 친 뒤 화면에 대고 궁금한 내용을 재빨리 속삭였다.

 "박사님. 플라스틱 쓰레기 속에 일회용 음식물 용기가 왜 이렇게 많아요?"

 곧 필요한 정보가 화면에 주르르 떴다.

 '그렇구나. 즉석 음식은 몸에만 해로운 게 아니고, 우

- 플라스틱류 분리수거함 속에는 일회용 도시락 용기나 즉석 식품 용기가 많이 보인다. 이를 통해 현대인들의 식습관을 잘 알 수 있다. 요즘 사람들은 바쁘다는 이유로, 어디서나 바로 먹을 수 있는 도시락이나 요리하기 쉬운 즉석 식품을 많이 사먹는다. 그 결과, 이런 음식을 포장한 수많은 플라스틱 용기가 그대로 버려지고 있다.

> • 우리나라에서 하루에 버려지는 쓰레기의 양은 약 5만 톤에 이른다고 한다. 5톤 쓰레기차로 실어 나르려면, 쓰레기차가 1만 대나 필요할 정도로 아주 많은 양이다. 따라서 일회용 도시락이나 즉석 식품 용기만 줄여도 나날이 심각해지는 쓰레기 문제를 해결하는 데 큰 도움이 될 것이다.

리가 사는 지구 전체에도 해롭구나.'

나는 새로운 사실을 깨닫고서 고개를 끄덕이는데, 갑자기 주변의 플라스틱 쓰레기들이 요란하게 흔들렸다. 쓰레기차가 와서 분리수거함을 비워가려는 것 같았다. 이 쓰레기들은 이제 폐기물 처리 센터로 가겠지?

나는 이떻게 해야 할지 잠시 고민했다.

'그래! 슈퍼파워 요정이 되는 건 날마다 있는 일이 아니잖아. 이번 기회에 쓰레기가 어떻게 재활용되는지 제대로 살펴봐야겠어!'

나는 다른 플라스틱 쓰레기들과 함께 쓰레기차의 짐칸 속으로 휩쓸려 들어갔다. 짐칸엔 온갖 플라스틱 쓰레기가 가득했다. 어마어마한 쓰레기의 바닷속에 빠지지 않기 위해 도시락 용기의 뚜껑 위로 재빨리 올라탔다. 마치 보트를 탄 것 같았고, 노가 필요했다. 그래서 얼른 플라스틱 밥주걱을 집어 들었다. 밥주걱은 내 몸보다 몇 십 배나 컸다. 하지만 난 요정의 슈퍼파워를 써서 밥주걱을 노처럼 저을 수 있었다. 도시락 뚜껑 보트는 쓰레기 바다 위를 신나게 미끄러져갔다.

나는 쓰레기차의 운전석으로 통하는 문이 있는 곳까지 나아갔다. 그리고 요정 부대의 대장답게 훌쩍 날아올라 그 문을 통해 운전석 안으로 들어갔다. 기사 아저씨가 휘파람을 불며 신나게 운전하고 있었다. 나는 아저씨가 앉아 있는 의자 뒤에 몸을 숨겼다. 아무리 작고 귀여운 요정이라도 갑자기 나타나면 누구든 깜짝 놀랄 테니까. 놀란 기사 아저씨가 사고를 내게 하고 싶지는 않았다!

잠시 후 재활용 쓰레기차는 폐기물 처리 센터에 도착했다.

## 재활용 쓰레기는 누가 어떻게 분리할까?

나는 쓰레기차의 운전석에서 빠져나와 눈앞에 보이는 큰 건물로 날아갔다. 재활용 분리 선별장이었다. 재활용 쓰레기들이 어떻게 분리되는지를 가까이에서 보기 위해 사람들의 눈에 띄지 않게 재빨리 건물의 창문으로 날아들어 갔다.

선별장 안으로 들어가자 높다란 수납장이 눈에 띄었다. 나는 그 위에 앉아 아래를 내려다보았다. 큼지막한 컨베이어 벨트 위로 재활용 쓰레기들이 지나가고, 그 주위에서 사람들이 바쁘게 일하고 있었다.

그때였다. 누군가 날 톡톡 쳤다.

"아르튀르, 뭐해? 아까부터 불러도 왜 대답을 안 하

---

**재활용 분리 선별장과 분리 작업자**

재활용 분리 선별장에서는 쓰레기 재활용을 위한 첫 번째 작업이 이루어진다. 재활용 쓰레기들이 큼지막한 컨베이어 벨트를 따라 지나가면 분리 작업자가 플라스틱류, 비닐류, 캔류(알루미늄, 철), 종이, 종이팩, 유리, 스티로폼 등으로 '비슷한 것'끼리 나눈다. 이렇게 분리된 쓰레기들은 재활용 공장으로 운반하기 쉽도록 압축하고 묶는다.

니?"

나는 깜짝 놀라 고개를 돌렸다.

'누구지? 여기에 내가 아는 사람이 있었나?'

나는 의아했다.

와우! 나는 내 눈을 믿을 수 없었다. 아르튀르 파울러의 단짝인 로라 파이터가 내 앞에 있었다.

"왜 그래, 귀 먹었어?" 로라가 또 다시 물었다.

너무 놀란 나머지 내가 사실은 톰이란 것도 밝히지 못한 채 멍하니 있었다. 내가 요정 부대의 아르튀르 대장이 아니라는 걸 어떻게 알려야 할까?

"분리 작업이 잘 되는지 보고 있는 거야? 사람들이

쓰레기를 정말 많이 버리지? 일 년에 한 사람이 거의 390킬로그램을 버린대. 재활용 센터에서 중고로 다시 팔 수 있는 가구나 가전제품 같은 것을 빼고도 말이야. 만약 그런 것까지 합친다면 대략 200킬로그램은 더해야 돼!"

"엄청난 자원 낭비구나!" 나는 정말 아르튀르라도 되는 것처럼 로라의 말에 대꾸를 했다.

"좀더 가까이 가서 쓰레기 분리가 잘 되는지 살펴보자!" 로라가 나를 끌고 수납장 아래로 내려가며 말했다. 로라와 이야기를 나누다 보니 어느새 내가 정말 아르튀르가 된 것 같았다.

우리는 컨베이어 벨트 가까운 곳에 몸을 숨기고 살펴봤다. 컨베이어 벨트 위로 재활용 쓰레기들이 지나가고, 분리 작업자들이 잘못 들어온 것을 재빨리 골라내고 있었다. 우리가 보고 있는 컨베이어 벨트는 종이를 분리하기 위한 것이었다.

"아르튀르, 저것 좀 봐!" 로라가 나를 툭툭 치며 말했다.

상자 모양으로 압축된 종이무더기가 재활용 선별장

구석에 차곡차곡 쌓여 있었다.

"저 상자들은 어떻게 될까?" 내가 말했다.

"슈퍼컴퓨터 시계한테 물어봐!" 로라가 한쪽 눈을 찡긋하며 알려 주었다.

나는 슈퍼컴퓨터 시계의 화면 위로 고개를 숙이고 궁금한 것을 속삭였다. 곧바로 오스카 박사님이 보낸 설명이 떴다.

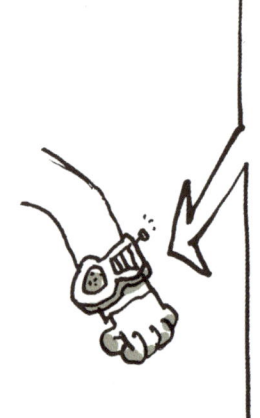

재활용 분리 선별장에서 나온 종이는 본격적으로 재활용 작업 과정에 들어간다. 일단 종이를 모두 물에 적셔 종이 반죽으로 만든다. 특히 종이상자에 붙어 있는 짐표와 접착테이프 같은 이물질을 모두 제거한다. 하지만 같은 종이 쓰레기라도 '우유나 음료를 담은 종이 팩이나 종이컵'은 따로 분리한다. 이런 것들은 겉은 종이지만, 안쪽은 음료가 배어들지 않도록 비닐이나 알루미늄 성분을 발라 물이 스며들지 않게 했기 때문이다. 따라서 비닐이나 알루미늄을 벗겨낸 다음, 종이만 따로 분리해야 한다. 재활용 과정은 까다롭지만, 고급 천연 펄프를 포함하고 있어 질 좋은 화장지를 만들 수 있다.

"다른 컨베이어 벨트도 따라가 보자! 저긴 캔 같은 금속 쓰레기를 분리하는 곳인가 봐." 내가 말했다.

"저 큰 기계 좀 봐. 자석이야! 고철 쓰레기가 저절로

> **너 그거 아니?**
>
> 압축된 종이 쓰레기 1톤을 재활용하면 음료수 병이 6개 들어가는 종이상자 2,171개를 만들 수 있다. 구두상자 4,125개나 달걀판 1만 6,500개를 만들 수도 있다. 30년생 나무 17그루를 베지 않아도 되고, 물 28톤과 석유 1500리터를 아낄 수도 있다.

가서 붙잖아. 그런데 붙지 않는 것은 뭐지?" 로라가 내 팔을 잡아당기며 궁금해 했다.

로라의 말이 끝나기 무섭게 곧바로 슈퍼컴퓨터 시계에 정보가 떴다.

금속 쓰레기(통조림, 음료수캔, 철사, 못, 철판 등)는 대부분 두 가지 원료 중 하나로 되어 있다. 바로 강철과 알루미늄이다. 커다란 전자석을 이용하면 강철로 된 쓰레기만 자석에 달라붙기 때문에 두 가지를 쉽게 분리할 수 있다.

호기심 많은 로라는 분리된 금속 쓰레기를 어떻게 재활용하는지 알고 싶어했다. 나는 다시 슈퍼컴퓨터 시계에 물어보기로 했다. 곧 대답이 떴고, 우리는 함께 읽었다.

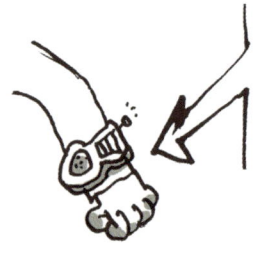

강철은 녹여서 철근 콘크리트에 들어가는 철근을 만든다. 알루미늄도 녹여서 일정한 크기의 알루미늄 덩어리로 만든 다음 필요한 곳에 공급한다. 예를 들어 자동차 엔진을 만드는 공장 같은 곳으로 보내진다.

로라가 다시 나를 끌면서 말했다.
"다른 분리대도 가보자!"
우리는 플라스틱 쓰레기가 분리되고 있는 컨베이어 벨트 쪽으로 갔다. 플라스틱은 크게 투명한 것과 불투명한 것으로 구분되었다.
이번에는 로라가 물어보기 전에 미리 슈퍼컴퓨터 시

> **너 그거 아니?**
> 플라스틱 쓰레기는 종류별로 나누어 재활용한다. 재활용된 페트병 1톤으로 머리띠 725개를 만들거나 스웨터 1,813장을 만들 수 있다! 한편 재활용된 고밀도 폴리에틸렌(HDPE) 1톤으로는 공원 벤치 7개와 분리수거함 68개를 만들 수 있다. 뿐만 아니라 재활용된 플라스틱 1톤은 석유를 500리터 이상 절약하게 해준다.

계를 톡톡 쳤다. 플라스틱 쓰레기를 구분하는 법을 알기 위해서였다. 곧바로 오스카 박사님이 보낸 정보가 떴고, 나는 그것을 로라에게 큰 소리로 읽어 주었다.

플라스틱 용기는 크게 두 종류로 나뉜다. 페트(PET라고도 하며, 투명한 플라스틱 음료수 병을 가리킨다)와 그 외 플라스틱이다. 그 외 플라스틱에는 고밀도 폴리에틸렌(HDPE)과 저밀도 폴리에틸렌(LDPE) 등이 있다. 우리가 많이 버리는 플라스틱 음료수 병은 몸통과 뚜껑이 서로 다른 재질로 되어 있다. 몸통은 페트로, 뚜껑은 그 외 플라스틱으로 되어 있다.

로라는 궁금한 것이 정말 많았다.

"플라스틱을 종류별로 골라낸 뒤엔 어떻게 할까?"

다행히 오스카 박사님은 로라가 얼마나 호기심이 많은지도 이미 잘 알고 있었다. 물어보지 않았는데도 설명을 보내 주었다. 나는 그것을 얼른 읽고 나서 로라에게 대답해 주었다.

"일단 플라스틱 처리 공장으로 보내 잘게 부순대. 다른 공장에서 그것을 가져다 물건을 만들기 쉽도록 하는 거야. 플라스틱은 종류대로 잘 선별하기만 하면 대부

분 재활용할 수 있대."

"재활용된 플라스틱으로 만들 수 있는 게 정말 많지 않니?" 로라가 물었다.

"당연하지. 페트병과 파이프를 만들기도 하고…… 놀라지 마! 스웨터와 머리띠도 만들 수 있대! 장난감부터 커다란 비행기까지 플라스틱이 쓰이지 않는 곳은 없어." 나는 슈퍼컴퓨터 시계의 화면에 뜬 설명을 보며 대답했다.

우리는 분리 작업자들의 눈에 띄지 않게 조심조심 위쪽으로 날아올랐다. 분리된 재활용 쓰레기가 커다란 압축 깔때기 속으로 쉴 새 없이 들어가고 있었다. 깔때기 속으로 들어간 재활용 쓰레기는 네모난 꼭지 부분을 빠져나오면서 주사위 모양으로 압축되었다.

"이야, 정말 대단하다! 쓰레기 부피가 확 줄었어!"
난 감탄했다.
로라가 눈이 휘둥그레져서 말했다.
"정말 신기한 깔때기야. 쓰레기를 옮기기 편하게 만들고 있어. 이 쓰레기 덩어리들은 트럭에 실려 곧장 다른 공장으로 운반될 거야."

"그곳에서 새로운 제품으로 다시 태어나겠지."
나는 로라의 말에 맞장구를 쳤다. 그러다가 문득 유리를 분리하는 곳을 보지 못했다는 생각이 들었다.
"로라, 우리가 아직 보지 못한 재활용 쓰레기가 있어. 유리 말이야. 유리는 어떻게 재활용될까?" 내가 물었다.

> **너 그거 아니?**
> 유리 1톤을 재활용하면 0.75리터들이 유리병 2,138개를 만들 수 있다. 또 이산화탄소 0.34톤이 발생하지 않도록 막을 수 있다.

"글쎄, 역시 오스카 박사님에게 물어보는 게 좋겠어." 로라가 말했다.

이번에도 오스카 박사님의 답장이 번개처럼 빨리 도착했다.

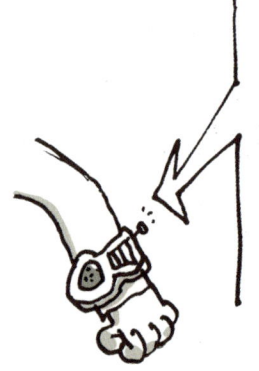

분리수거된 유리 쓰레기는 재활용 분리 선별장으로 옮겨져 아직 남아 있는 금속 뚜껑이나 병마개와 같은 이물질을 제거한다. 깨끗하게 분리된 유리는 잘게 빻아 재활용할 수 있는 유리가루로 만든다. 유리가루를 고온(섭씨 1500도 이상)에서 녹이면 액체가 되고, 이것으로 다시 새 유리병을 만들 수 있다. 만일 깨지지 않은 깨끗한 음료수 병이라면 세척과 소독 처리만으로도 다시 사용할 수 있다.

난 덧붙여 읽었다.

"재활용되는 유리가루는 모래를 아끼게 해준다. 왜냐하면 유리는 모래로 만들기 때문이다."

"나는 책에서 판유리, 형광등, 백열등, 거울이나 도자기 종류는 재활용이 안 된다고 읽었어. 그러니까 이런 것들은 분리수거함에 넣으면 안 돼. 그리고 깨끗하게 분리수거를 잘 한 유리는 영원히 재활용할 수 있대." 로라가 설명했다.

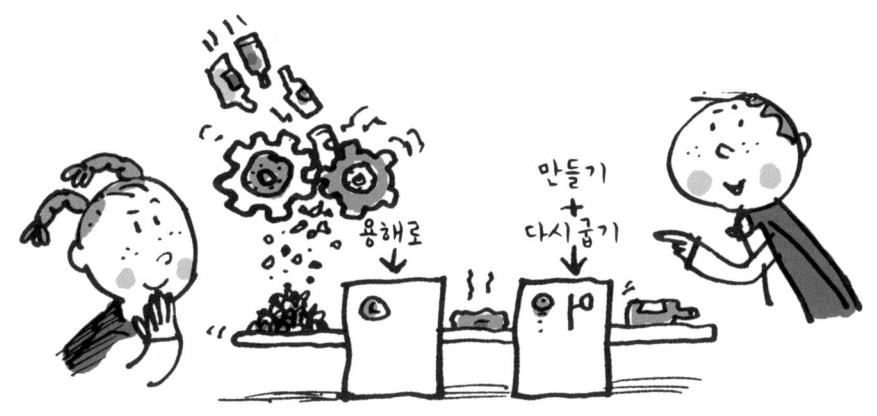

"영원히?" 내가 놀라서 물었다.

"응, 영원히. 유리는 몇천 년이 지나도 썩지 않거든. 그러니까 유리는 반드시 분리수거를 해야 돼. 하지만 보통 유리병은 두 병 중 한 병만 재활용되고 있대."

공부가 세상에서 가장 재미없다고 생각했던 나였지만 재활용 현장을 찾아다니며 하는 공부는 지겹지 않았다. 쓰레기를 따라다니는 모험이 이렇게 재미있을 줄은 정말 몰랐다!

"아르튀르, 이젠 본부로 돌아가야 해. 우리가 해야 할 일이 있어!"

로라가 딴 생각에 빠진 나를 흔들며 말했다.

로라는 폴짝 뛰며 재활용 분리 선별장 밖으로 날아

올랐다. 나도 그 뒤를 따라 날았다. 요정들이 모여 있는 본부에 간다고 생각하니까 가슴이 쿵쾅거렸다!

## 일반 쓰레기는 어디로 갈까?

나는 로라의 뒤를 따라 숲 속으로 낮게 날아들었다.
'요정의 나라는 오래된 떡갈나무 뿌리 밑에 있을 거야!'
나는 동화책에서 본 그림을 떠올리며 속으로 생각했다.
숲 속 빈 터 위를 날아가던 우리는 수북이 쌓인 쓰레기를 발견했다.
"사람들이 또 쓰레기를 버리고 갔어! 정말 나쁜 사람들이야!"
로라가 분통을 터뜨렸다.
우리는 잠시 멈춰 나들이 왔던 사람들이 버리고 간 쓰레기를 치우고는 다시 날았다.
"사람들이 버린 쓰레기가 썩어 없어지는 데 얼마나

걸릴까?" 내가 궁금해서 물었다.

"담배꽁초는 2년, 껌은 5년, 음료수나 통조림 캔과 비닐봉지는 짧으면 10년, 어떤 것은 100년이나 걸려. 유리병은 무려 4000년이나 걸린대!" 로라가 대답했다.

어느새 우리는 요정들의 비밀 본부에 다다랐다. 본

부 입구에는 고사리와 가시덤불이 빽빽하게 자라 있어 어디가 본부로 들어가는 문인지 찾기 힘들었다. 우리는 나무뿌리를 타고 미끄러지듯 내려갔다. 그러자 마법이라도 부린 듯이 가시덤불이 사라지며 문이 열렸다. 입구에서 본부로 들어가는 길은 여러 갈래였다. 로라는 그 중에서 가장 긴 통로를 따라 들어갔다.

이윽고 요란하게 웅웅거리는 소리로 가득한 커다란 방이 나왔다. 한쪽 벽에는 지구 곳곳을 감시하는 화면이 수십 개 달려 있었다. 요정들은 그 화면을 통해 지구를 관찰하고 있었다. 어떤 요정들은 바다, 대양, 숲과 같은 자연을 보고 있었고, 또 어떤 요정들은 세계 곳곳에서 활동하는 인간들을 지켜보고 있었다. 오스카 박사님은 좀 멀찍이 떨어진 책상에 앉아 모든 화면들을 한눈에 훑어보고 있었다.

우리는 오스카 박사님 쪽으로 좀더 가까이 다가갔다. 한 화면에 분리 선별하고 남은 쓰레기를 쓰레기차에 모아 싣고 다른 곳으로 이동하는 장면이 보였다.

"저 화면 좀 봐! 우리가 조금 전에 갔던 재활용 분리 선별장이야. 멀리 쓰레기 소각장과 쓰레기 매립지도 보여." 로라가 말했다.

"박사님, 그런데 재활용이 안 되는 쓰레기는 모두 어디로 가나요?" 나는 오스카 박사님에게 물었다.

"재활용할 수 없어서 그냥 남아 있는 쓰레기는 주로 '소각'한단다. 그러니까 모두 태워 버린단다."

"그러면 쓰레기 처리 과정은 다 끝나는 것인가요?" 내가 물었다.

"아니. 마지막으로 소각하고 남은 재를 쓰레기 매립지로 가져가 묻어야 해."

"박사님, 우리가 흔히 분리수거하는 쓰레기 외에도 재활용할 수 있는 것들이 있지 않나요?" 내가 물었다.

"당연히 있지! 고장 난 전자제품, 폐차, 폐타이어, 폐건전지도 모두 재활용할 수 있단다. 고쳐서 다시 쓰거

---

**쓰레기 소각장**

쓰레기 소각장은 가정에서 나오는 일반 쓰레기를 태워서 처리하는 곳이다. 쓰레기를 태우면 세균 오염의 위험을 막고 쓰레기의 무게와 부피를 줄일 수 있다. 쓰레기를 태울 때 생기는 '소각 폐열'은 지역난방이나 전력 생산에 필요한 에너지로 재활용된다. 한편 정부는 쓰레기를 소각할 때 해로운 물질이 최소한으로 나오도록 감시하고 있다.

나 일정한 성분이나 부품을 뽑아내 새로운 물품을 만들기도 해. 사실 우리가 버리는 쓰레기 중 1/3 정도는 어떤 식으로든 재활용할 수 있단다. 그리고 또 다른 1/3은 유기 쓰레기야. 유기 쓰레기는 미생물을 이용해 분해하거나 퇴비로 재활용할 수 있는 것을 말한단다. 음식물 쓰레기나 거리에 뒹구는 낙엽 같은 것들이 있지." 오스카 박사님이 설명했다.

"퇴비가 뭐예요?" 내가 물었다.

**재활용 센터와 쓰레기 매립지**

여기서 잠깐! 재활용 센터와 쓰레기 매립지에서 하는 일이 어떻게 다른지 비교해보자! 재활용 센터는 재활용할 수 있는 낡은 가구, 가전제품, 사무용품 등을 처리하는 곳이다. 이곳에서는 재활용할 수 있는 제품들을 수리하거나 세척해서 필요한 사람들에게 싼 가격으로 판다. 환경 보호와 물자 절약에 큰 도움이 된다.

반면에 쓰레기 매립지는 더 이상 재활용할 수 없는 쓰레기를 땅속에 묻고, 여러 층의 흙으로 덮어 버리는 곳이다. 쓰레기에서 나온 오염 물질이 주변 땅이나 강으로 스며들어 환경을 오염시킬 수 있다.

"부패한 유기 쓰레기로 만드는 비료란다." 오스카 박사님이 대답했다.

"아파트 같은 곳에서는 유기 쓰레기인 음식물 쓰레기만 따로 모으는 분리수거함을 설치해 두고 있어." 로

### 퇴비

유기 쓰레기에 공기와 물이 닿으면 곰팡이와 같은 미생물이 생긴다. 미생물의 작용으로 쓰레기가 썩기 시작하고, 이렇게 부패한 유기 쓰레기는 퇴비가 된다. 또 깨끗한 음식물 쓰레기를 지렁이의 먹이로 주면, 이를 먹고 자란 지렁이가 배출한 분변을 퇴비로 이용할 수도 있다. 또 지렁이 자체는 약품이나 화장품 원료가 된다.

유기 쓰레기로 만든 퇴비를 흙과 섞으면 비료처럼 땅을 기름지게 한다. 퇴비를 만들 수 있는 유기 쓰레기에는 과일과 야채 껍질, 달걀 껍질, 커피를 추출하고 남은 원두 찌꺼기, 빵 같은 음식물 쓰레기 등이 있다. 뿐만 아니라 깎은 잔디, 시든 잎사귀나 꽃, 잡초처럼 정원에서 나온 쓰레기도 퇴비의 원료로 쓸 수 있다.

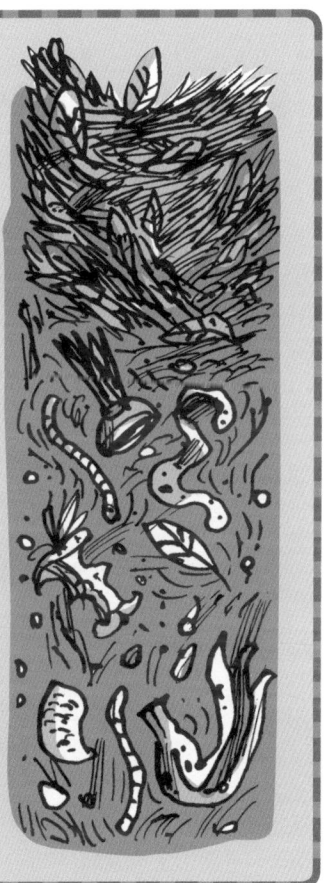

라가 덧붙여 말했다.

"그러니까 음식물 쓰레기를 퇴비로 만들면 쓰레기를 줄일 수 있다는 거지? 쓰레기는 줄이고, 땅은 비옥해지니까 일석이조네!" 내가 싱긋 웃으며 말했다.

### 환경을 오염시키는 쓰레기, 어떻게 줄일까?

본부의 벽에 설치된 빨간색 경고등이 별안간 깜박거렸다. 긴급 신호였다! 바로 벽 한가운데 있는 화면에 커다랗게 메시지가 떴다.

> 오늘의 미션  도시 사람들이 쓰레기를 적게 버리도록 만들기
>
> 목표  1년에 버리는 쓰레기 양을 150킬로그램 줄이기

"너무 어려운 미션이야!" 나는 놀라 소리쳤다.
"아르튀르, 로라. 너희라면 할 수 있어! 그동안 더 어

려운 미션도 해냈잖아. 어서 요정들을 이끌고 가서 사람들을 설득해 줘!" 오스카 박사님이 부탁했다.

박사님 말씀이 맞았다! 게임 속의 아르튀르 대장은 어떤 모험에서도 늘 멋진 활약을 보여 주었다. 나도 진짜 아르튀르처럼 이번 미션에서 멋지게 성공하고 싶었다.

요정들이 쓰는 방법은 의외로 간단했다. 사람들의 귀에 다가가 올바르게 행동하도록 나지막이 속삭여 주면 됐다. 지구의 환경을 위해 최선의 선택을 할 수 있도록 살짝 충고해 주면, 사람들은 그게 자신의 마음에서 들려오는 소리라고 착각할 것이다.

'충고해 줄 사람은 많은데, 요정들의 수가 너무 적어!'

나는 사람들이 최대한 쓰레기를 적게 버리도록 미리 막아야겠다고 생각했다. 쓰레기는 될 수 있으면 버리지 않는 게 가장 좋았다! 일단 사람들이 많이 모이는 학교나 마트에 가기로 했다. 그런 곳에서는 여러 사람의 귀에 재빨리 속삭일 수 있기 때문이다.

로라와 나는 다른 요정들과 함께 사람들의 눈에 띄지 않는 특수 마법을 썼다. 그리고 도시로 날아갔다.

"넌 대형 마트에 가서 과대 포장된 물건을 사지 말라고 사람들 귀에 속삭일게! 그런 걸 사면 물건의 몇 배가 넘는 쓰레기가 나온다는 걸 미리 알려 줘야지!" 로라가 말했다.

"장바구니도 꼭 챙기라고 해! 나는 회사와 학교로 갈게. 인쇄는 양면으로 하고, 한 면만 인쇄한 종이는 뒷면을 연습장으로 쓰라고 알려 줄 거야. 종이 낭비부터 줄여야겠어!" 내가 덧붙여 말했다.

"좋아! 그리고 아이들에게 간식거리는 도시락과 물

통에 담아서 다니라고 해. 장난감에는 일회용 건전지가 아니라 충전식 전지를 쓰라고 말해 주고!" 로라가 이어서 말했다.

로라가 이번에는 요정들을 돌아보면서 말했다.

"너희는 집집마다 돌아다니면서 필요 없는 물건은 자선단체에 기부하든가 중고 시장에 팔라고 알려 줘. 책이나 게임 CD 같은 것은 중고 시장에서 인기가 많을 거야! 음식물 낭비도 줄이라고 해! 먹을 만큼만 자기 그릇에 덜어 먹고, 일단 덜어온 음식은 다 먹으라고 해!"

"화단 있는 집에서 사는 사람들에게는 음식물 쓰레기를 퇴비로 만들 수 있다고 알려 줘!"

내가 덧붙여 말했다.

로라와 나는 다른 요정들과 함께 한참을 날아다녔다. 사람들의 귀에 쓰레기 줄이는 방법을 속삭이느라 시간 가는 줄도 모를 정도였다.

  반나절이 훌쩍 지나갔다. 우리는 잠시 쉬기로 했다. 난 좀 피곤했다. 아침부터 이곳저곳을 날아다니며 쓰레기 재활용 과정을 살펴보았다. 그리고 사람들에게 쓰레기를 줄이라고 속삭이며 날아다니느라 오후가 될 때까지 쉴 틈이 없었다!

  나는 로라와 높다란 지붕에 앉아서 도시를 내려다봤다. 우리가 한 일을 생각하니 뿌듯했다. 슬며시 눈을 감아보았다. 내가 좋아하는 게임 여주인공인 로라와 이렇게 나란히 앉아 있다는 게 믿기지 않았다. 이 특별한 기분을 마음껏 느껴보고 싶었다. 그런데 갑자기 누군가 내 몸을 세차게 흔들었다.

  "톰, 톰! 자니?"

  나는 로라에게 자는 게 아니라고 말해 주려고 고개를 들었다. 그런데 나를 내려다보고 있는 사람은 로라

> **너 그거 아니?**
> 한 사람이 1년 동안 포장도 뜯지 않은 채 버리는 음식물 쓰레기는 평균 7킬로그램에 이른다.

가 아니었다. 엄마가 무슨 일인지 궁금하다는 표정으로 들여다보고 있었다.

"톰, 빵 사러 안 갈 거니?"

엄마가 나를 흔들며 물었다.

어? 내 슈퍼망토가 어디 갔지? 슈퍼컴퓨터 시계도, 슈퍼장갑도 감쪽같이 사라졌네……. 주위를 둘러보니 형은 벌써 쓰레기를 버리고 와서 책을 읽고 있었다. 그러니까…… 나는 꿈을 꾼 것이었다! 게임을 하다가 깜빡 졸았던 모양이다. 비록 꿈이었다 해도 정말 신나는 모험이었다.

"알았어요, 엄마! 얼른 다녀올게요! 그리고 다음번 재활용 쓰레기는 내가 버릴게요. 분리수서를 징말 잘 할 자신 있어요!"

엄마와 형은 놀란 토끼눈이 되어 서로 쳐다보았다. 내 말을 믿지 못하는 것 같았다. 세상에서 쓰레기 분리수거를 제일 귀찮아하던 나였으니까. 난 엄마와 형의 놀란 표정이 재미있어 활짝 웃었다. 그때였다. 귓전에서 로라가 작은 목소리로 속삭였다!

"멋져, 아르튀르!"

## 미주알고주알 재활용 이야기

이제 여러분이 직접 분리수거를 해보세요. 다음 쓰레기를 알맞은 분리수거함 그림과 선으로 이어보세요.

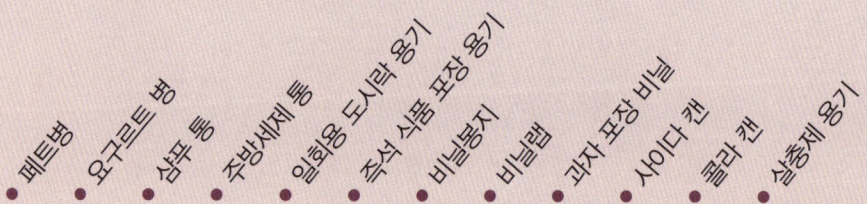

- 페트병
- 요구르트 병
- 샴푸 통
- 주방세제 통
- 일회용 도시락 용기
- 즉석 식품 포장 용기
- 비닐봉지
- 비닐랩
- 과자 포장 비닐
- 사이다 캔
- 콜라 캔
- 살충제 용기

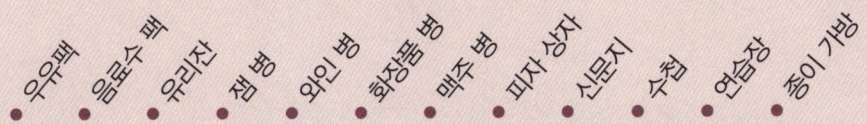

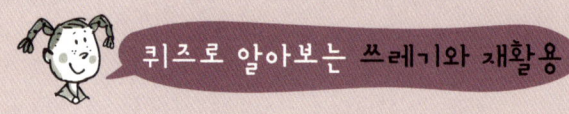 퀴즈로 알아보는 쓰레기와 재활용

여러분은 쓰레기와 재활용에 대해 얼마나 알고 있나요? 다음 문제를 함께 풀어보아요.

1. 우리나라 사람들이 하루에 버리는 쓰레기는 평균 얼마나 될까요?

① 약 50톤   ② 약 500톤   ③ 약 5000톤   ④ 약 5만톤

2. 재활용할 수 있는 쓰레기는 어디에 버려야 할까요?

_____

3. 분리수거함에 유리병을 버릴 때, 병뚜껑이나 마개를 떼야 할까요?

① 네   ② 아니오

4. 종이, 유리, 플라스틱은 재활용이 될까요?

① 네   ② 아니오

5. 퇴비로 재활용할 수 있는 쓰레기는 무엇일까요?

① 종이 팩   ② 요구르트 병   ③ 알루미늄 캔   ④ 상한 음식물

6. 내가 버린 유리병이 썩으려면 얼마나 걸릴까요?

① 4년   ② 40년   ③ 400년   ④ 4000년

7. 내가 씹고 버린 추잉껌이 썩으려면 얼마나 걸릴까요?
① 5년  ② 50년  ③ 500년  ④ 5000년

8. 먹지 않거나 유통기한이 지난 약은 어떻게 버려야 할까요?

_____

9. 가전제품, 가구, 사무용품 등을 수거한 뒤 고쳐서 다시 쓸 수 있게 만들어 물자 절약에 도움을 주는 곳은 어디일까요?

_____

10. 미생물을 넣으면, 썩어서 퇴비가 되는 쓰레기는 다음 중 어느 것일까요?
① 플라스틱류  ② 캔류  ③ 음식물  ④ 유리

정답은 55쪽에

## 신나는 게임으로 알아보는 재활용의 세계

동전이나 구슬을 각자 하나씩 준비한다. 누가 먼저 문제를 풀지는 가위바위보로 정한다. 정답을 맞히면 동전이나 구슬을 게임판 위에서 한 칸 나아가게 한다. 틀리면 제자리에 머물고 다른 사람에게 문제를 풀 기회를 준다. 8개의 문제를 가장 먼저 풀고 지구에 도착한 사람이 이긴다.

1. 왜 생수를 사서 마시는 것보다 수돗물을 마시는 게 나을까요?

2. 야외에 놀러갈 때, 왜 간식을 도시락에 싸가는 게 좋을까요?

3. 더 이상 갖고 놀지 않는 장난감은 어떻게 할까요?

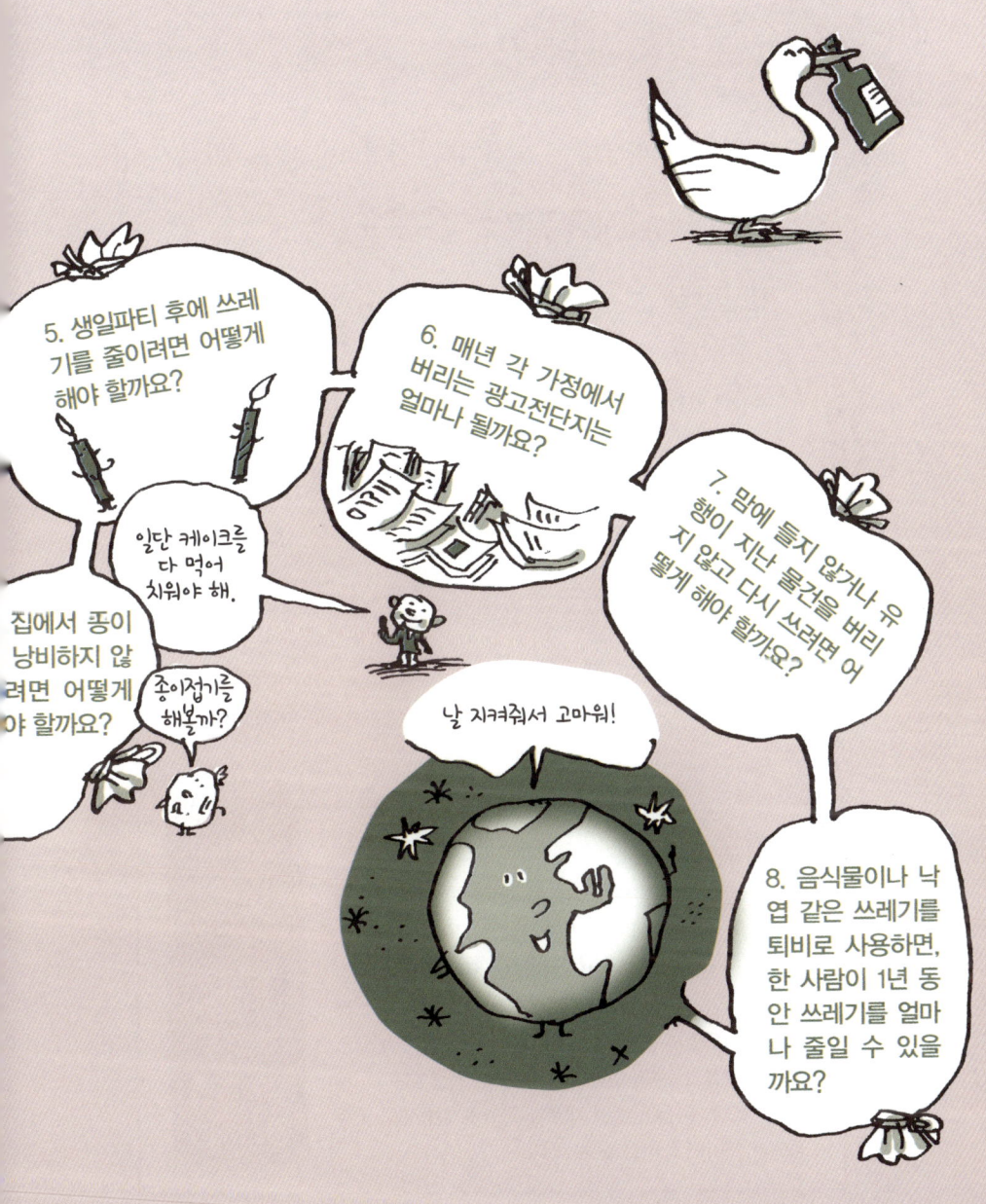

**내 손으로 퇴비 만들기**

어떤 쓰레기를 퇴비로 쓸 수 있을까요? 동그라미 해 보세요.

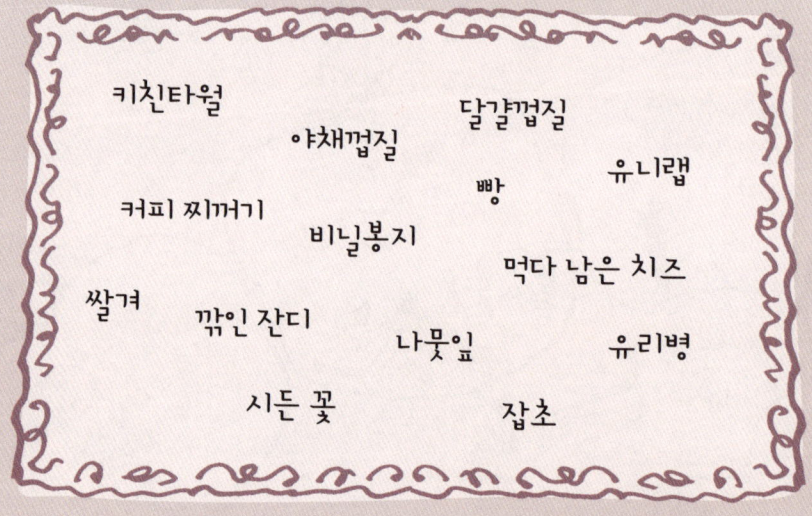

키친타월
야채껍질
달걀껍질
커피 찌꺼기
빵
유니랩
비닐봉지
먹다 남은 치즈
쌀겨
깎인 잔디
나뭇잎
유리병
시든 꽃
잡초

정답은 56쪽에

### 친환경 퇴비 만들기

흙바닥에 구덩이를 판다. 구덩이 안에 풀이나 낙엽을 모아 넣는다. 여기에 먹다 남은 음식이나 채소 찌꺼기, 과일 껍질 등을 섞어 넣어도 된다. 단 지나치게 짠 음식은 넣지 않도록 주의한다. 수분이 30~40퍼센트가 되도록 조절하면서 퇴비 재료를 구덩이 안에 쌓아 놓으면 저절로 발효가 된다. 여름에는 4~5일, 겨울에는 7~10일 간격으로 뒤집어 주면 재료가 골고루 발효된다. 6주 정도가 지나면 퇴비로 쓸 수 있다.

### 48~49쪽 미주알고주알 재활용 이야기

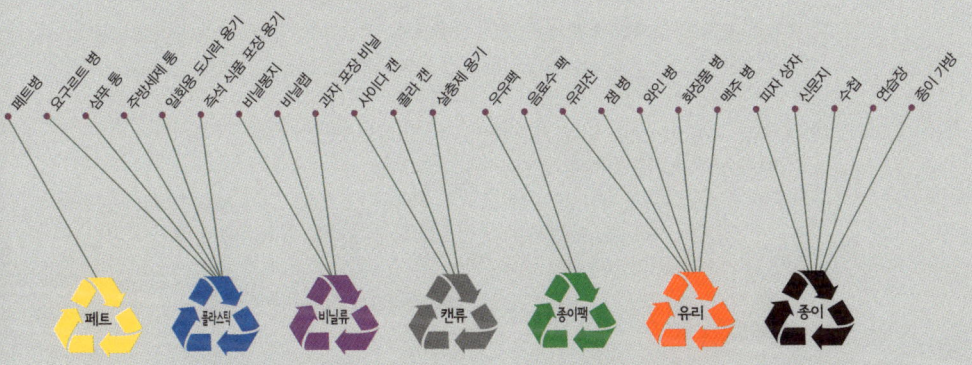

### 50~51쪽 퀴즈로 알아보는 쓰레기와 재활용

1. ④ 약 5만톤
2. 재활용 쓰레기 분리수거함
3. ① 네
4. ① 네
5. ④ 상한 음식물
6. ④ 4000년
7. ① 5년
8. 약국에 가져간다.
9. 재활용 센터
10. ③ 음식물

**52~53쪽 신나는 게임으로 알아보는 재활용의 세계**

1. 수돗물을 마시면, 생수를 담았던 페트병을 버릴 일이 없으니까 쓰레기 처리 비용을 줄일 수 있다.
2. 낱개로 포장된 간식은 쓰레기가 많이 생긴다. 하지만 도시락을 준비하면 쓰레기가 거의 생기지 않는다.
3. 더 이상 갖고 놀지 않는 장난감은 다른 친구에게 주거나 기증한다. 그러면 쓰레기를 줄일 수도 있고, 장난감이 필요한 친구나 이웃을 기쁘게 할 수도 있다.
4. 이면지는 버리지 않는다. 글을 쓰거나 그림을 그리는 연습장으로 사용하면 종이를 아낄 수 있다.
5. 한 번 쓰고 버리는 일회용 접시나 종이컵은 사용하지 않는다. 평소 사용하는 접시와 유리컵을 사용한다.
6. 35킬로그램이나 된다! 우편함이나 대문에 '광고전단지 사절'이라고 써붙인다. 쓸데없는 광고전단지 때문에 종이를 낭비하지 말아야 한다는 것을 알려 줄 수 있다.
7. 필요한 사람에게 주거나 새 것보다 훨씬 싼 값을 받고 중고로 판다. 혹은 유행에 맞게 고쳐서 쓸 수도 있다.
8. 40킬로그램이나 줄일 수 있다!

**54쪽 내 손으로 퇴비 만들기**

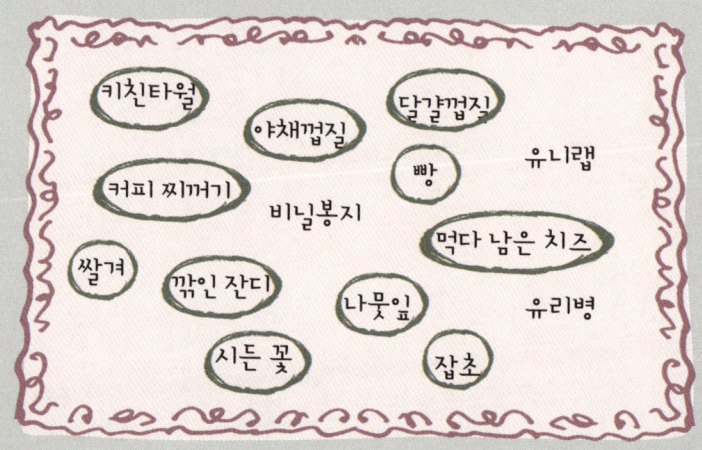

# 용어사전

### 재활용
쓰레기를 분리해서 새로운 물건이나 재료로 다시 쓰는 것이다.

### 재활용 센터
낡은 가구처럼 부피가 큰 쓰레기를 버리는 일정한 공간이다. 쓰레기의 종류에 따라 재활용되거나 태운 뒤 매립된다.

### 소각 폐열
쓰레기를 소각할 때 발생하는 열로, 지역난방이나 전력으로 재활용한다.

### 플라스틱
주로 석유를 가공해서 만든다. 열을 가하면 어떠한 모양으로도 만들 수 있고, 열이 식으면 단단하고 탄력 있는 물질이 된다.

### 적외선 안경
주변이 어두워도 물체가 내보내는 적외선을 이용해 볼 수 있게 만든 안경이다. 이 안경을 끼면 어두운 곳에서도 일을 할 수 있다.

### 컨베이어 벨트
커다란 벨트 모양의 운반 장치가 계속 돌아가는 장치이다. 위에 올려 놓은 많은 물건들을 연달아 자동으로 이동시킬 수 있다.

### 페트(PET)
음료수병에 쓰는 투명한 플라스틱이다. 환경 호르몬을 배출하지 않아 생활용품·장난감·가전제품, 포장재 등을 만드는 데에도 쓰인다.

### 고밀도 폴리에틸렌(HDPE)
비교적 낮은 압력과 280도 이하 온도에서 만들어지는 플라스틱이다. 튼튼하고 독성이 없어 식품 용기로 쓰인다.

### 저밀도 폴리에틸렌(LDPE)
높은 압력을 받아 만들어지는 플라스틱이다. 전기를 차단하고 물에 강해 전선, 포장 재료, 필름 등에 쓰인다.

# 찾아보기

강철 25, 26
고밀도 폴리에틸렌(HDPE) 26, 27
미생물 38, 39
분리수거 7, 8, 10, 14, 30, 31, 37, 47
분리 작업자 20, 22, 28
비료 39
석유 8, 9, 24, 26
소각 37
소각 폐열 37
쓰레기 매립지 36, 37, 38
쓰레기 소각장 36, 37
알루미늄 20, 24, 25, 26
에너지 자원 9
용해로 31
유기 쓰레기 38, 39
이산화탄소 29
일회용 건전지 44
재활용 분리 선별장 20, 24, 30, 31, 36
재활용 센터 22, 38
저밀도 폴리에틸렌(LDPE) 27
전자석 25
즉석 식품 16, 17
천연 펄프 24

철근 26
철근 콘크리트 26
충전식 전지 44
컨베이어 벨트 20, 22, 24, 26
퇴비 38, 39, 40, 44
페트(PET) 27
폐기물 처리 센터 17, 18
화석 연료 8

**글 스테파니 기냐르**
프랑스 출신의 교육경제학자이고, 프랑스 환경 에너지 관리청에서 14년째 근무하고 있습니다. 환경, 에너지 문제에 관심이 많으며, 특히 어린이들에게 어릴 때부터 쓰레기 분리수거를 왜 해야 하는지, 쓰레기는 어떤 과정을 거쳐 재활용되는지, 환경오염을 줄일 수 있는 방법으로는 어떤 것들이 있는지 등에 대해 올바로 알려 주기 위해 다양한 방법으로 노력하고 있습니다.

**그림 파스칼 르메트르**
1967년 벨기에 브뤼셀에서 태어났습니다. 라 샹브르 시각 예술 학교에서 공부한 뒤, 벨기에와 프랑스, 미국을 오가며 어린이와 어른 책에 그림을 그리고 있습니다.

**옮김 이정주**
서울여자대학교와 같은 학교 대학원에서 불어불문학을 공부했습니다. 현재 방송과 출판 분야에서 전문번역가로 활동 중이며, 우리나라 어린이와 청소년에게 재미와 감동을 주는 프랑스 책을 찾아 소개하는 일도 하고 있습니다. 옮긴 책으로는 〈고흐에서 피카소까지 생쥐를 찾아라!〉〈엄마가 늦게 오는 날〉〈마주 보면 무섭지 않아〉〈콩닥콩닥 모나의 마음〉〈지퍼가 고장 났다!〉〈주사기가 온다〉〈말더듬이 내 친구, 어버버〉가 있습니다.

## 쓰레기는 어떻게 재활용될까?

| | |
|---|---|
| 초판 1쇄 인쇄 | 2014년 6월 18일 |
| 초판 1쇄 발행 | 2014년 6월 25일 |
| 글 | 스테파니 기냐르 |
| 그림 | 파스칼 르메트르 |
| 옮김 | 이정주 |
| 편집 | 김경희, 유윤한 |
| 영업 | 차영호 |
| 디자인 | 박재원 |
| 펴낸곳 | 도서출판 다산기획 |
| 등록 | 제313-1993-103호 |
| 주소 | (121-841) 서울 마포구 서교동 451-2 |
| 전화 | 02-337-0764  전송 02-337-0765 |
| ISBN | 978-89-7938-086-6 73530 |

* 잘못 만들어진 책은 바꿔 드립니다.

**뒹굴며 읽는 책 _ 과학, 재미있잖아!**

## 방사능이 도대체 뭘까?
글 알랭 부케 | 그림 세바스티앵 슈브렐 | 옮김 이효숙 | 9000원

### 방사능은 무조건 위험하다고?!
이웃 나라 일본의 후쿠시마 핵발전소 사고로 방사능과 원자력 발전에 대한 관심이 커지고 있습니다. 방사능은 가전제품과 의료기기, 농업과 에너지 등에 이용되어 인류에 도움을 주는 반면, 적당한 양 이상의 방사선이 나오면 인류와 자연에 커다란 재앙을 주는 위험한 존재이지요. 방사능이 대체 무엇인지 그 비밀을 하나씩 풀어보아요!

2학년 국어 1학기 04월 2. 알고 싶어요
3학년 과학 1학기 공통
4학년 과학 1학기 공통


## 화산은 어떻게 폭발할까?
글 자크-마리 비르댕제프 | 그림 방자맹 스트리클레 | 옮김 이효숙 | 9000원

### 화산은 지옥일까, 아니면 천국일까?
화산학자인 삼촌과 일곱 명의 화산원정대가 화산 탐험에 나섰습니다. 화산을 오르내리는 건 힘들지만, 분화구에 걸터앉아 화산 이야기를 나누는 일은 정말 멋지지요. 세계 여러 화산을 감상하면서 형성 과정과 종류, 생김새와 쓰임새 등 다채로운 정보를 익히고, 실험을 통해 화산을 깊이 이해하는 시간을 가져보아요!

2학년 국어 1학기 04월 2. 알고 싶어요
3학년 과학 1학기 공통
4학년 과학 2학기 11월 4. 화산과 지진 1. 분출하는 화산